AMEISENIGEL

Australien, Indonesien und Papua-Neuguinea

KURIOS:

AUSTRALIENS 5-CENT-MÜNZE IST MIT DEM BILD EINES AMEISENIGELS GEPRÄGT!

Ameisenigel sind stachelige Säugetiere und sehen aus wie eine Kreuzung aus Stachelschwein und Ameisenbär. Obwohl sie Säugetiere sind, legen sie Eier, statt Junge zu gebären. Jeder Stachel des Ameisenigels hat seinen eigenen Muskel, wodurch das Tier die Richtung und Bewegung des Stachels kontrollieren kann.

ROTLIPPEN-SEEFLEDERMAUS

Pazifischer Ozean bei den Galápagos-Inseln

KURIOS:

ROTLIPPEN-SEEFLEDERMÄUSE KÖNNEN IHRE FLEISCHIGEN RÜCKENFLOSSEN AUSSTRECKEN UND ALS KÖDER BENUTZEN, UM DAMIT BEUTE ANZULOCKEN!

Was für ein eigenartiger Fisch! Statt zu schwimmen, läuft er auf seinen Flossen und Beinen auf den sandigen Böden von Riffen oder dem Meeresgrund. Und natürlich ist da dieser hellrote Schmollmund!

Wo sind die Galápagos-Inseln?

Die Galápagos-Inseln sind eine Inselkette im Pazifischen Ozean neben Südamerika. Die Inselkette besteht aus dreizehn größeren Inseln und diversen kleineren und liegt etwa 966 Kilometer von der Küste Ecuadors entfernt. Über viele Jahre hinweg wurde die bergige Landschaft der Inseln durch wiederholte Vulkanausbrüche geformt.

Warum sind die Galápagos-Inseln so besonders?

Die Galápagos-Inseln sind für ihre riesige Vielfalt an Tier- und Pflanzenarten bekannt. Wissenschaftlerinnen und Wissenschaftler erforschen diese Inseln und ihre Fauna und Flora seit fast 200 Jahren. Viele der dort anzutreffenden Arten sind nirgendwo sonst auf der Welt zu finden! Das liegt daran, dass die Inseln einzigartige Umweltbedingungen bieten. Sie befinden sich in isolierter Lage und haben eine ungewöhnliche Mischung aus gemäßigtem und tropischem Klima. Mit der Zeit hat diese Umgebung zu einer sehr abwechslungsreichen und schönen Vielfalt an Pflanzen und Tieren geführt.

Hier sind nur einige der wunderbaren Tierarten, die auf den Galápagos-Inseln zu finden sind:
- Galápagos-Pinguin
- Galapagosscharbe (Stummelkormoran)
- Meerechse
- Galápagos-Riesenschildkröte
- Drusenkopf (Galápagos-Landleguan)
- Fregattvogel
- Darwinfinken
- Blaufußtölpel
- Rote Klippenkrabbe

SCHOPFHIRSCH
Ostasien

Schopfhirsche sind keine gewöhnlichen Hirsche! Sie sind hauptsächlich in China und Tibet heimisch, wobei die freilebenden Bestände leider zurückgehen. Mit ihrem schwarzen oder braunen Haarschopf und den großen Eckzähnen kann das Aussehen dieser Hirsche durchaus als seltsam bezeichnet werden.

GROßER FETZENFISCH

Küstengewässer Australiens

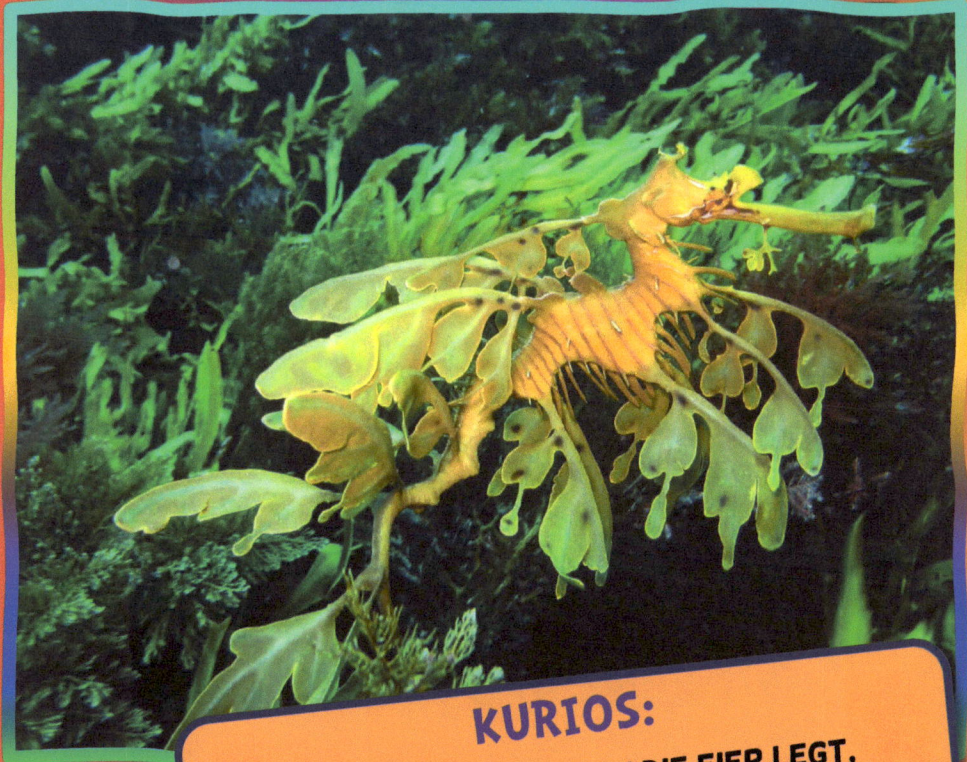

KURIOS:

OBWOHL DAS WEIBCHEN DIE EIER LEGT, BEWAHRT DAS MÄNNCHEN SIE BIS ZUM SCHLÜPFEN IN DER NÄHE DES SCHWANZES AUF!

Auch wenn sie vielleicht nicht so aussehen, gehören die Fetzenfische tatsächlich zu den Fischen — sie sind aber schlechte Schwimmer. Mit ihren blattartigen Gliedmaßen tarnen und verstecken sie sich zwischen Seetang und Seegras.

ROTAUGENLAUBFROSCH
Mittel- und Südamerika

Obwohl sie nicht giftig sind, nutzen diese kleinen Frösche ihre schönen Farben als Warnsignal an Räuber. Kräftig bunt gefärbte Tiere sind oft giftig, und diese Froschart hofft, dass ein Fressfeind sie ebenfalls für giftig hält.

CLOWN-FANGSCHRECKENKREBS

Pazifischer und Indischer Ozean

KURIOS:

DIE WISSENSCHAFT HAT NACH DER VORLAGE DES PANZERS DIESER KREBSE EIN NEUES MATERIAL ENTWICKELT, DASS IN DER LUFTFAHRT UND FÜR SCHUTZKLEIDUNG VERWENDET WERDEN KANN!

Diese schönen, aber brutalen Meeresbewohner besitzen tödliche, keulenartige Extremitäten. Damit können sie ihre Beute mit einem Tempo von 80 Kilometern pro Stunde so kräftig schlagen, dass beispielsweise Muschelschalen zerbrechen oder ein Finger bis zum Knochen aufplatzt.

FINGERTIER

Madagaskar

Fingertiere, auch Aye-Aye genannt, klopfen auf Äste und horchen dann, ob sich darin Larven oder Insekten bewegen. Wenn sie etwas hören, durchstechen sie das Holz mit ihren scharfen Zähnen und holen ihre Beute mit ihren langen Fingern heraus.

RIESENASSEL
Alle Weltmeere

Genau wie die kleinen Asseln, die du im Garten finden kannst, rollt sich die Riesenassel bei Gefahr zusammen. Die harte Schale der Riesenassel schützt sie wie eine Rüstung vor Räubern.

FOSSA
Madagaskar

Die Fossa ist zwar mit der Manguste verwandt, sieht aber aus wie eine Kreuzung aus Hund und Katze. Zu ihrer Lieblingsbeute gehört ein anderes berühmtes Tier aus Madagaskar, der Lemur.

SCHUHSCHNABEL
Afrika

Der Schuhschnabel ist ein großer afrikanischer Vogel mit einem riesigen Schnabel. Diese Vögel können über lange Zeiträume hinweg reglos im Wasser stehen und auf Beute warten. Sie gehören zu den langsamsten Flugvögeln und können nur eher kurze Strecken im Flug zurücklegen.

BLAUER DRACHE
Atlantik, Pazifik und Indischer Ozean

Dieses interessante Tier ist auch unter dem Namen „Blaue Ozeanschnecke" bekannt. Die Schnecken machen sich die Oberflächenspannung des Wassers zunutze, um mit dem Bauch nach oben an der Wasseroberfläche zu treiben, und lassen sich von Strömungen und Winden transportieren.

WEIßE FLEDERMAUS
Mittelamerika

KURIOS:

DIESE FLEDERMAUSART BAUT SICH KLEINE WASSERDICHTE ZELTE AUS BLÄTTERN, UM SICH VOR REGEN ZU SCHÜTZEN UND VOR FRESSFEINDEN ZU VERSTECKEN!

Weiße Fledermäuse leben tief in den Regenwäldern Mittelamerikas und ernähren sich fast ausschließlich von Feigen, wobei sie auch andere Früchte zu sich nehmen können. Man nimmt an, dass das eigenartige "Nasenblatt" ihnen bei der Echoortung hilft.

15

TAUBENSCHWÄNZCHEN
Weltweit verbreitet

Das Taubenschwänzchen sieht aus wie eine seltsame Kreuzung aus einem Vogel und einem Insekt! Diese schnelle Motte kann bis zu 70 Mal pro Sekunde mit den Flügeln schlagen und erreicht eine Fluggeschwindigkeit von 19 Kilometern pro Stunde.

CANTORS RIESEN-WEICHSCHILDKRÖTE
Südostasien

KURIOS:
DIESE SÜßWASSERSCHILDKRÖTEN KÖNNEN ÜBER 100 JAHRE ALT WERDEN!

Cantors Riesen-Weichschildkröte verbringt einen Großteil ihres Lebens regungslos im Sand vergraben, nur das Maul und die Augen schauen heraus. Zwei Mal am Tag kommt sie heraus, um Beute zu fangen und zu fressen.

STUMPFNASENAFFE
China

Leider sind diese besonderen Affen eine vom Aussterben bedrohte Art. Abholzung der Wälder und Wilderei haben dazu geführt, dass freilebende Bestände rapide abnehmen. Stumpfnasenaffen verbringen die meiste Zeit ihres Lebens in den Bäumen und fressen gerne Bambussprossen, Baumnadeln, Früchte und Blätter.

WARZEN-ANGLERFISCH

Westlicher Indopazifik

KURIOS:

DIESE FISCHE KÖNNEN IHR GROßES MAUL SO WEIT ÖFFNEN, DASS SIE BEUTETIERE VERSCHLUCKEN KÖNNEN, DIE FAST SO GROß SIND WIE SIE SELBST!

Dieser bunte Meeresbewohner lebt zwischen Korallen und Schwämmen in flachen Riffgewässern. Er besitzt die faszinierende Fähigkeit, seine Farben und Muster zu ändern und der jeweiligen Umgebung anzupassen.

19

ERDFERKEL
Afrika

Erdferkel sehen vielleicht seltsam aus, sind aber gekonnte Gräber und haben einen ausgeprägten Hör- und Geruchssinn. Sie fressen liebend gerne Ameisen und Termiten und schaffen bis zu 50.000 pro Nacht. Erdferkel schließen normalerweise beim Fressen die Nasenlöcher, damit keine Insekten in die Nase krabbeln können.

GOLDENER SCHILDKRÖTENKÄFER

Nordamerika

KURIOS:

DIE LARVEN DER KÄFER BAUEN AUS IHREN FÄKALIEN EINE ART SCHILD ZUM SCHUTZ VOR RÄUBERN!

Diese interessanten Käfer werden von vielen Gärtnern als Schädlinge angesehen. Sie ernähren sich von Blättern und mögen ganz besonders gerne die Blätter der Süßkartoffel.

LANGLAPPEN-SCHIRMVOGEL

Mittel- und Südamerika

Schirmvögel haben auf dem Kopf einen charakteristischen Kamm, der ein bisschen wie ein Regenschirm aussieht. Die Männchen breiten während der Paarungszeit ihren Kamm aus und rufen nach den Weibchen.

KURIOS:

DER KEHLLAPPEN DES LANGLAPPEN-
SCHIRMVOGELS KANN BEIM MÄNNCHEN BIS
ZU 30 ZENTIMETER LANG WERDEN!

DUGONG
Pazifischer und Indischer Ozean

Dugonge sind sanfte Meeressäuger, die mit den Seekühen verwandt sind. Mit ihrer beweglichen Oberlippe pflücken sie ganze Pflanzen aus dem Meeresboden, schütteln den Sand von ihnen ab und fressen sie dann.

BLATTSCHWANZGECKO
Madagaskar

KURIOS:

DIESE GECKOS HABEN KEINE AUGENLIDER UND WISCHEN IHRE AUGEN STATTDESSEN MIT IHRER LANGEN, BEWEGLICHEN ZUNGE AB!

Das Aussehen dieses kleinen Geckos wird durch seinen Namen schon sehr gut beschrieben. Die Tiere sind durch ihre Tarnung, Mimikry und ihre Fähigkeit, ihren Schwanz abzuwerfen, absolute Experten darin, Räubern aus dem Weg zu gehen.

OKAPI
Afrika

Diese scheuen Waldtiere sehen aus wie eine Kreuzung aus Zebra und Pferd, sind aber nahe Verwandte der Giraffen. Vor vielen Jahren wurde das Okapi von in Afrika lebenden Europäern als das "Afrikanische Einhorn" bezeichnet.

MEERNEUNAUGE

Atlantischer Ozean, Europa und Nordamerika

Meerneunaugen, manchmal auch „Vampirfische" genannt, beißen sich mit ihren spitzen Zähnen an anderen Fischen fest und saugen ihr Blut. Sie sehen zwar wie Aale aus, sind aber nicht mit diesen verwandt. Neunaugen verbringen ihr Leben teils in Süßwasser und teils in Salzwasser.

27

SAIGA-ANTILOPE
Russland und Kasachstan

Saiga-Antilopen sind eine vom Aussterben bedrohte Tierart, die einst riesige Gebiete in Europa und Asien bewohnte. Aufgrund unregulierter Jagd und starker Nachfrage nach ihren Hörnern ist die Zahl der Saiga-Antilopen dramatisch gesunken. Mit ihren großen, seltsamen Nasen bieten diese Antilopen jedoch einen unvergesslichen Anblick!

KURIOS:

DIE GROßE NASE DER ANTILOPEN HILFT DABEI, IM SOMMER DIE BLUTTEMPERATUR ZU REGULIEREN UND IM WINTER DIE EISIGE ATEMLUFT ZU ERWÄRMEN!

FRANSENSCHILDKRÖTE
Südamerika

KURIOS:

DIE FRANSENSCHILDKRÖTE SCHLUCKT FISCHE IM GANZEN HERUNTER, WEIL SIE NICHT KAUEN KANN!

Hast du schon einmal so eine seltsame Schildkröte gesehen? Dieses eigenartig geformte Reptil lebt in den Regenwäldern des Amazonas und wird auch als Mata Mata bezeichnet. Die Tiere halten sich am liebsten im flachen Wasser auf, in dem sie sich verstecken und ihre Nase durch die Wasseroberfläche stecken können, um zu atmen.

MONDFISCH
Alle Weltmeere

KURIOS:

DER MONDFISCH KANN SEINEN MUND NICHT SCHLIEßEN!

Der gigantische Mondfisch ist einer der schwersten Knochenfische der Welt. Große Exemplare können 4 Meter hoch und 3 Meter lang sein und über 2200 Kilogramm wiegen!

JABIRU
Mittel- und Südamerika

Dieser große Storch ist der größte Flugvogel in Mittel- und Südamerika.Er ist 1,5 Meter groß und hat eine riesige Flügelspannweite von beinahe 3 Metern.

GESPENSTSCHRECKE
Weltweit

Es gibt weltweit über 3.000 Arten der Stab- und Gespenstschrecken, die oft auch „Wandelnder Ast" oder „Wandelndes Blatt" genannt werden. Diese skurrilen Insekten sind absolute Tarnkünstler und sehen wie Zweige oder Pflanzen aus. Sie ahmen sogar die Bewegung eines Zweiges im Wind nach, um Fressfeinde zu täuschen.

33

GANGESGAVIAL
Indien und Nepal

KURIOS:

GAVIALE HABEN SPEZIELLE SINNESORGANE IM MAUL, MIT DENEN SIE SCHWINGUNGEN IM WASSER WAHRNEHMEN KÖNNEN, DIE AUF BEUTE HINWEISEN!

Was für ein gruselig aussehendes Krokodil! Leider ist der Gangesgavial aufgrund von Bejagung und der Zerstörung seines Lebensraumes eine vom Aussterben bedrohte Art. Der Bestand hat seit den 1940er-Jahren um 98 % abgenommen.

FÜNFFINGERIGE HANDWÜHLE

Nord- und Mittelamerika

KURIOS:

SIE KÖNNEN IHREN SCHWANZ ABWERFEN, UM EINEM RÄUBER ZU ENTKOMMEN, ABER ER WÄCHST NICHT MEHR NACH!

Dieses Reptil hat eine grabende Lebensweise und verbringt die meiste Zeit unter der Erde. Aufgrund ihres Aussehens werden Handwühlen manchmal mit Schlangen verwechselt, aber die kleinen Tiere sind harmlos. Sie besitzen keine Hinterbeine, benutzen aber ihre Vorderbeine mit den Klauen, um sich durch die Erde zu buddeln.

GESTREIFTER ANGLERFISCH

Alle Weltmeere

Der Gestreifte Anglerfisch ist ein skurril aussehender Meeresbewohner, der seine Farbe den Korallenriffen und Meeresalgen anpassen kann, in denen er sich versteckt. Er hat eine besonders lange Antenne an der Rückenflosse, die sich bewegt wie ein Wurm und Beutetiere anlockt.

SCHABRACKENTAPIR
Asien

KURIOS:

BEIM TAUCHEN BENUTZEN TAPIRE IHREN LANGEN, BEWEGLICHEN RÜSSEL ALS SCHNORCHEL, DURCH DEN SIE UNTER WASSER ATMEN KÖNNEN!

Tapire fressen, indem sie mit dem Rüssel Früchte und Pflanzen greifen und zum Maul befördern. Wie man sich bei solchen Nasen vorstellen kann, haben Tapire auch einen sehr gut entwickelten Geruchssinn.

EIGENTLICHER STREIFENTENREK

Madagaskar

Auch wenn es sonderbar klingt: Der Eigentliche Streifentenrek kann tatsächlich über seine Stacheln kommunizieren. Das Tier reibt sie aneinander und erzeugt so Töne, die für die menschliche Wahrnehmung zu hoch sind, aber andere Tiere können sie hören.

WEISSRAND-HIMMELSGUCKER

Indopazifischer Ozean

KURIOS:

DIESER FISCH HAT EINE HAARIGE ZUNGE, MIT DER ER KLEINE FISCHE ANLOCKT UND DANN IM GANZEN VERSCHLUCKT, WENN SIE ZU NAHE KOMMEN!

Mit diesen gruselig aussehenden Fischen solltest du dich nicht anlegen — sie besitzen giftige Stacheln und elektrische Organe, die dir einen ganz schönen Schlag versetzen können!

SCHRAUBENZIEGE
Zentralasien

Diese eigenartige Ziege besitzt sehr besondere, gedrehte Hörner. Sie ist das Nationaltier von Pakistan und wird auch Markhor genannt. Es gibt aber nur noch etwa 2.500 Ziegen dieser Art, die in der freien Wildbahn leben.

WEIẞBAUCHSCHUPPENTIER
Afrika

KURIOS:

ES IST FÜR EINEN MENSCHEN FAST UNMÖGLICH, EIN FEST ZUSAMMENGEROLLTES WEIẞBAUCHSCHUPPENTIER WIEDER AUSEINANDERZUROLLEN!

Diese außergewöhnlichen Schuppentiere rollen sich schützend zu einer Kugel zusammen, wenn Gefahr droht. Ameisen gehören zu ihren Lieblingsspeisen und sie besitzen daher spezielle Muskeln zum Verschließen der Ohren und Nasenlöcher, damit beim Fressen keine Ameisen hineinkrabbeln.

GROßER KANINCHENNASENBEUTLER

Australien

Große Kaninchennasenbeutler mögen seltsam aussehen, sind aber auch sehr süß! Obwohl Kaninchennasenbeutler ähnliche Hinterbeine wie Kängurus haben, können sie nicht hüpfen. Zur schnellen Fortbewegung galoppieren sie stattdessen wie ein Pferd. Sie sind wahre Buddelmeister und können in nur drei Minuten ein Loch graben, das groß genug zum Verstecken ist.

MÄHNENWOLF
Südamerika

Dieses rötliche Tier mit seinen langen Beinen sieht ein wenig aus wie ein Fuchs auf Stelzen. Der Mähnenwolf ist der größte Wildhund Südamerikas und hat wegen des strengen Geruchs seiner Reviermarkierungen auch den Spitznamen „Stinktierwolf".

43

GABELRACKE
Afrika

Hier haben wir einen wirklich wunderschönen, bunten Vogel! Gabelracken sind außerdem für ihre akrobatischen, schwungvollen Flugkünste während der Paarungszeit bekannt.

KURIOS:

DIE KLUGEN VÖGEL MACHEN SICH AUCH BUSCHBRÄNDE ZUNUTZE: AUF DER FLUCHT VOR DEN FLAMMEN WERDEN INSEKTEN UND KLEINE TIERE ZUR LEICHTEN BEUTE FÜR DIE GABELRACKE!

STERNMULL
Nordamerika

Der Sternmull ist ein besonders faszinierendes Tier! Er ist auch als Sternnasenmaulwurf bekannt und findet mit den tentakelartigen Fortsätzen auf besagter Nase seine Beute. Das Guinness-Buch der Rekorde führt die Art als einen der schnellsten Jäger der Welt an.

PFEILSCHWANZKREBS

Atlantischer Ozean

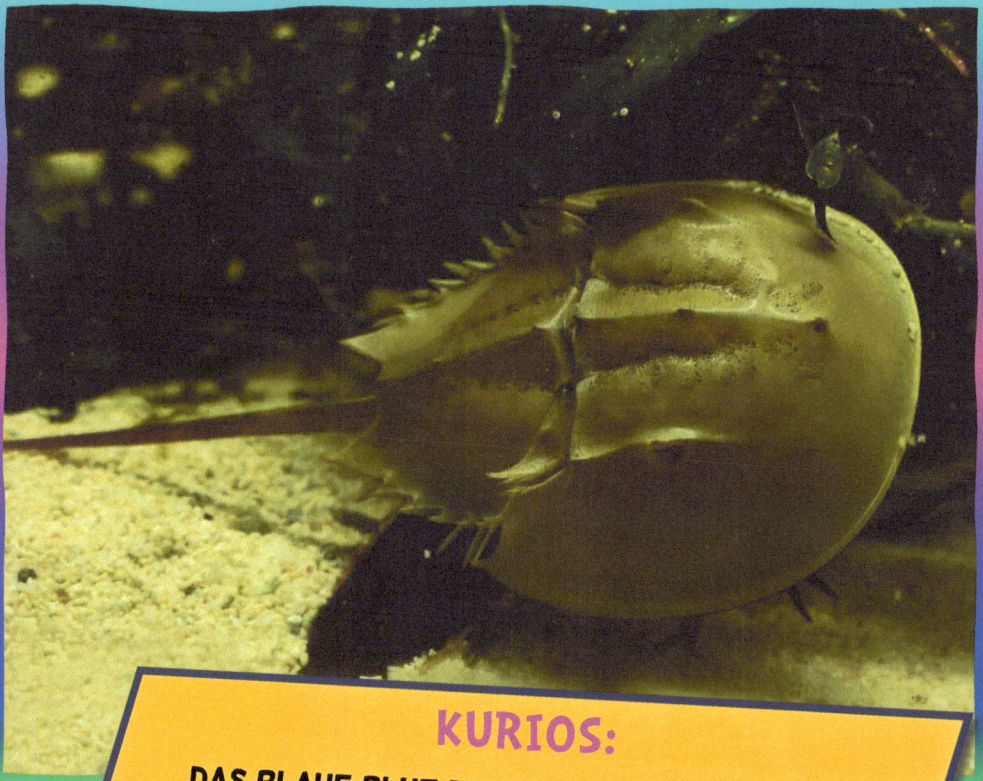

KURIOS:

DAS BLAUE BLUT DER PFEILSCHWANZKREBSE WIRD IN DER HERSTELLUNG VON IMPFSTOFFEN UND MEDIKAMENTEN VERWENDET!

Trotz seines Namens ist der Pfeilschwanzkrebs näher mit Skorpionen und Spinnen verwandt als mit Krebsen. Der Mund der Pfeilschwanzkrebse ist mitten zwischen ihren Beinen angesiedelt und sie besitzen zehn Augen!

MONDVOGEL
Europa und Asien

KURIOS:
DIE FARBGEBUNG DES MONDVOGELS IN GELB, ORANGE UND SCHWARZ SAGT FRESSFEINDEN, DASS ER GIFTIG IST!

Dieser Nachtfalter ist ein absoluter Tarnkünstler und fügt sich nahtlos in seine Umgebung ein, weil er wie ein Birkenzweig aussieht. Die Tiere beginnen ihr Leben als bunte Raupe und graben sich über den Winter in den Boden ein, um dann im Frühjahr als Motte wieder zum Vorschein zu kommen.

DORNTEUFEL
Australien

Diese stacheligen Reptilien sind vollkommen mit harten, dornigen Schuppen übersät. Sie fressen jeden Tag tausende von Ameisen und können bis zu 20 Jahre alt werden.

SCHWARZFLECKEN -STECHROCHEN
Westlicher Indopazifik

Gut, dass dieser große Stachelrochen nicht aggressiv ist — er kann mit seinem spitzen, giftigen Stachel nämlich mit tödlicher Genauigkeit zustechen, wenn er sich bedroht fühlt. Der Schwarzflecken-Stachelrochen bevorzugt Korallenriffe und sandige Meeresböden, wo er sich von Krebsen, Garnelen und am Grund lebenden Fischen ernährt.

AXOLOTL
Mexiko

KURIOS:

AXOLOTL HABEN NICHT NUR KIEMEN ZUM ATMEN UNTER WASSER, SONDERN AUCH LUNGEN ZUM ATMEN ÜBER DER WASSEROBERFLÄCHE!

Diese besonderen Schwanzlurche können ihr gesamtes Leben im Wasser verbringen. Sie werden bis zu 15 Jahre alt und ernähren sich von Würmern, Insektenlarven, kleinen Fischen und Weichtieren.

TAMANDUA
Südamerika

Dieser Ameisenbär mit der langen Schnauze ist in Südamerika beheimatet. Die Tiere sind aufgrund ihres starken, üblen Geruchs auch als „Stinker des Waldes" bekannt. Ihr Gestank ist etwa viermal so stark wie der eines Stinktiers.

GLASFROSCH
Mittelamerika und Südamerika

Diese faszinierenden Frösche haben einen durchsichtigen Bauch, in dem man all ihre inneren Organe sehen kann. Ihre durchscheinende Haut macht sie unauffälliger und sorgt für eine gewisse Tarnung, um sich vor Vögeln zu verstecken.

GÜRTELTIER
Nord-, Mittel- und Südamerika

Dieses Tier trägt zwar keinen echten Gürtel, aber der Name weist auf die beweglichen Bänder zwischen dem vorderen und hinteren Panzerteil hin. Der Panzer dieses Säugetieres schützt es vor Raubtieren und vor extremen Temperaturen.

ALLIGATORHECHT
Nord- und Mittelamerika

An den scharfen Zähnen und dem breiten Krokodilkopf lässt sich schnell erkennen, woher der Name dieses Riesenfisches kommt. Er kann bis zu 3,3 Meter lang werden und 160 Kilogramm wiegen.

RAUSCHUPPEN-BUSCHVIPER

Afrika

Diese seltsame, giftige Viper jagt ihre Beute gerne auf Bäumen. Die stacheligen Schuppen sorgen für Tarnung im Laub der Bäume. Die Schlangen halten sich mit ihrem Greifschwanz an Ästen fest und lauern auf ihre Beute.

KURIOS:

ES GIBT KEIN GEGENGIFT FÜR DAS GIFT DER BUSCHVIPER!

CEYLONFROSCHMAUL
Sri Lanka und Indien

Froschmäuler haben ihren Namen wegen ihres breiten Schnabels und ihres lustigen Aussehens bekommen. Wie Eulen sind sie hauptsächlich nachtaktiv.

KUGELKOPF-PAPAGEIFISCH

Pazifischer und Indischer Ozean

KURIOS:

VOR DEM SCHLAFENGEHEN SONDERT DER KUGELKOPF-PAPAGEIFISCH EIN SEKRET AB UND HÜLLT SICH IN EINEN SCHLEIMIGEN KOKON!

Der bunte Kugelkopf-Papageifisch kann im Verlauf seines Lebens sein Geschlecht ändern. Männchen können zu Weibchen werden und umgekehrt, je nach den sozialen und umweltbedingten Reizen, die diese Änderungen auslösen.

HIRSCHEBER
Indonesien

Die großen „Hauer" der männlichen Hirscheber sind eigentlich große Eckzähne, die durch die Haut wachsen. Der Name des Tieres rührt daher, dass seine Hauer dem Geweih eines Hirsches ähneln.

JAPANISCHE RIESENKRABBE
Pazifik

Diese riesige Krabbenart ist die größte Krebsart der Welt und kann von der Spitze eines Beins bis zur anderen bis zu 3,6 Meter lang sein. Die Krabben sind nicht nur enorm groß, sondern können auch bis zu 100 Jahre alt werden!

SEEFEDER
Alle Weltmeere

KURIOS:
DIE MEISTEN SEEFEDERN LEUCHTEN BEI BERÜHRUNG!

Diese Vertreter der wirbellosen Meerestiere sehen ganz ähnlich aus wie eine altmodische Schreibfeder. Sie können sich durch das Aufnehmen und Ausstoßen von Wasser ausdehnen und zusammenziehen und ernähren sich von Plankton oder winzigen Teilchen toter Pflanzen oder Tiere.

NACKTMULL
Afrika

Der Nacktmull ist ein extrem seltsames Tier! Dieser Nager ist weder eine Ratte noch ein Maulwurf, ist fast blind und lebt in Kolonien unter der Erde. Er kann fast 30 Jahre alt werden und ist damit einer der langlebigsten Nager der Welt.

INDEX

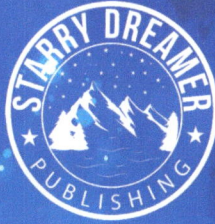

Lesen Sie auch diese anderen Bücher von JACK LEWIS:

Reihe: Heute fand ich…

Zauberhafte Geschichten für Kinder über

Freundschaft und die Kraft der Fantasie!

Heute fand ich ein Einhorn

Heute fand ich eine Meerjungfrau

Heute fand ich einen Weihnachtself

Wunderbaren Tierwelt

Entdecke die komplette Reihe der

Wunderbaren Tierwelt!

Die süßesten Tiere der Welt

Die seltsamsten Tiere der Welt

Die gefährlichsten Tiere der Welt

www.ingramcontent.com/pod-product-compliance
Lightning Source LLC
Chambersburg PA
CBHW040937030426
42335CB00001B/22